ANNA KLEMM

# ZU TISCH

## KULINARISCH ZU HAUSE IN 7 LÄNDERN

★

ANNA KLEMM PHOTOGRAPHY
STYLING, REZEPTE HEIKE MÖRSCHEL

Lifestyle
BUSSE SEEWALD

Konzept, Entwurf, Text, Fotos: Anna Klemm, Bremen
Styling, Rezepte: Heike Mörschel, Fischerhude
Design: klemmbremen.de
Druck und Verarbeitung: Offizin Andersen Nexö Leipzig GmbH, Zwenkau
ISBN 978-3-512-03337-7
Printed in Germany

# KULINARISCH ZU HAUSE IN 7 LÄNDERN

# WIE ICH AUF DIE IDEE ZU DIESEM BUCH KAM.

*Mit meiner Freundin Heike Mörschel war ich mal in Indien. Naja, nicht richtig. Das große Indien lag damals in einem kleinen niedersächsischen Bauernhaus, in Heikes Haus. Und da hatte Heike ein indisches Fest gemacht, mit indischem Essen und indischem Flair. Es war ein wunderbares Fest. Auf die gleiche Weise bin ich mit Heike schon in viele Länder der Welt gekommen – und überall waren wunderbare Feste.*
*Die Idee zu diesem Buch hatte ich schon in Indien. Ich wollte ein Buch machen, das Ihre Feste vielleicht noch schöner werden lässt, als sie jetzt schon sind. Ich wollte Sie mit Heikes Hilfe in fremde Länder reisen lassen – ohne dass Sie Ihr Haus verlassen müssen. Weil Sie und Ihre Gäste auf den Reisen sicher auch gut und landestypisch essen wollen, bekommen Sie dazu die passenden Tipps: Rezepte.*
*Das Auge isst mit. Und weil das so ist, sind in meinem Buch viele Bilder. Nicht nur Bilder von den Gerichten und ihrer Zubereitung. Denn ob das Auge Appetit bekommt oder ob es ihm den Appetit verschlägt, hat nicht nur mit dem Essen selbst zu tun, sondern auch mit seinem ganzen Drumherum. In dem Buch sind die Bilder von einem so oder so gedeckten Tisch daher genauso wichtig wie die Bilder von den Delikatessen auf dem Teller.*
*Mein Buch nimmt Sie mit auf eine Reise durch fünf europäische Länder, aber auch mit nach Asien und Marokko – und holt die Länder am Ende kulinarisch zu Ihnen nach Hause. Dort, bei Ihnen zu Hause, soll es dann aber nicht nur auf dem Teller spanisch oder marokkanisch zugehen, sondern auch drum herum und überhaupt. Ich weiß, dass es klappt. Wir haben ja alles längst ausprobiert. Freuen Sie sich auf Ihre wunderbaren Feste.*

*Anna Klemm*

# FRANKREICH

## MACARONS

„Wir sind eine große Nation. Und darum haben wir ein

## GEHEIMTIPP

*Lassen Sie uns zum Eingewöhnen mit einem eher kleinen Fest beginnen, mit einem Fest am Nachmittag. Der Nachmittag, das ist die Zeit für Kaffee und Kuchen. Da kommt die Torte auf den Tisch. Oder auch nicht. In Frankreich werden gerne Macarons serviert, ein wunderbares Gebäck, aber so klein, dass wir es in Deutschland noch den Keksen zurechnen würden. Aber so richtig zugerechnet hat es hier noch keiner – und könnte es auch kaum einer, weil hier kaum einer Macarons kennt. Sie sind ein Geheimtipp.*

Recht auf kleine Geheimnisse.“ Napoleon Bonaparte

# MACARONS

*für ca. 30 Stück*

## BAISER

### ZUTATEN

*120 g geschälte, gemahlene weiße Mandeln*
*2 Eiweiß*
*1 Prise Salz*
*150 g Puderzucker*
*¼ TL Essig*
*etwas Butter für das Backpapier*
*Speisefarben nach Wunsch*

### ZUBEREITUNG

Mandeln sehr fein mahlen und durch ein Sieb streichen. Eiweiß mit einer Prise Salz zu einem steifen Schnee schlagen. Puderzucker nach und nach esslöffelweise dazu geben und alles zusammen steif schlagen. Mandeln und Essig unter die Masse heben. Je nach Farbauswahl kann nun die Speisefarbe untergehoben werden. Das Blech mit Backpapier auslegen und leicht buttern. Die Baisermasse in einen Spritzbeutel füllen und kleine Tupfer auf das Backpapier geben. Ein kleiner Löffel erfüllt den gleichen Zweck. Die Macarons bei niedriger Temperatur (auf 80 °C vorheizen) auf mittlerer Schiene bei Umluft backen bis sie fest sind (ca. 30 min). Abkühlen lassen und füllen.

## 1. PISTAZIEN-MACARONS/ FÜLLUNG

### ZUTATEN

*ca. 10 Tropfen grüne Speisefarbe*
*3 TL gemahlene Pistazien*
*50 g Pistazienkerne*
*150 g Marzipanrohmasse*
*4 EL Blue Curaçao*

### ZUBEREITUNG

Pistazien fein mahlen, Marzipanrohmasse dazugeben und den Curaçao unterrühren. Die Füllung nach Wunsch mit Speisefarbe einfärben und auf die flachen Seiten der Baisers steichen, ein zweites Baiser darauf setzen, leicht andrücken.
Die Macarons kühl stellen.

## 2. VANILLE-KOKOS-MACARONS/ FÜLLUNG

### ZUTATEN

*4 EL Kokosraspeln*
*1 Vanilleschote (Mark auskratzen)*
*120 g Butter (Zimmertemperatur)*
*100 g Puderzucker*
*2 EL Rum*

### ZUBEREITUNG

Butter, Puderzucker, Vanillemark und Rum schaumig aufschlagen. Zum Schluss die Kokosraspeln unterrühren. Die Füllung auf die flache Seite der Baisers streichen, ein zweites Baiser darauflegen, leicht andrücken.

## 3. SCHOKOLADEN-MACARONS/ FÜLLUNG

### ZUTATEN

*2 EL Kakaopulver*
*120 g Zartbitterschokolade*
*100 g Sahne*

### ZUBEREITUNG

Sahne aufkochen, Schokolade darin schmelzen und verrühren.
Abkühlen lassen und die feste Masse mit dem Schneebesen aufschlagen.
Die Füllung wie auf Seite 17 beschrieben auftragen.

TH2
CHOCOLATE
FINEST FOOD
NOIR & BLANC
LES COPEAUX DE
LES COPEAUX
Dolfin
The Art of Blending
NOIR & BLANC
MADE IN BELGIUM
HOT CHOCOLATE
POUR CHOCOLAT CHAUD, DESSERTS
VOOR WARME CHOCOLADEMELK
FOR HOT CHOCOLATE
FÜR HEIßE SCHOKOLA

# 4. HIMBEER-MACARONS/ FÜLLUNG

## ZUTATEN

*ca. 10 Tropfen rote Speisefarbe*
*120 g Butter*
*20 g Puderzucker*
*80 g Schwarze Johannisbeer-Marmelade oder Himbeergelee*

## ZUBEREITUNG

Butter mit Puderzucker, Marmelade oder Gelee schaumig aufschlagen. Die Füllung wie auf Seite 17 beschrieben auftragen.

Cath Kidston

# EINE KOMÖDIE UND VIELE SCHÖNE GESCHICHTEN

*Die Franzosen meinen: Wenn kleine Dinge großartig sind, muss man sie auch großartig in Szene setzen. Die Franzosen haben ja so recht. Und sie inszenieren ihre großartigen kleinen Kekse denn auch gerne mal etwas theatralisch, aufgetürmt auf einer pompösen Etagère, fast so wie eine Hochzeitstorte. Aber die Franzosen nehmen ihr Theater nicht wirklich ernst. Es ist nur eine Komödie. Aber eine mit Esprit und Charme – und darum eine zum lächelnden Nachmachen.*

*Die Franzosen meinen: Schöne alte Dinge erzählen schöne alte Geschichten. Die Franzosen haben ja wieder so recht. Heikes französische Freundin Mireille hat immer zwei alte Kannen vom Flohmarkt auf den Tisch gestellt, eine Kaffeekanne und eine Milchkanne, beide bemalt mit bunten Blümchen. Die Kannen erzählen schöne alte Geschichten, gerne auch mal Liebesgeschichten. Ich kann das beurteilen, denn Mireille hat Heike die Kannen vor ein paar Jahren geschenkt.*

*Suchen Sie für Ihr französisches Fest auf dem Flohmarkt nach schönen alten Dingen, die am Tisch was zu erzählen haben. Suchen Sie aber auch dann danach, wenn Sie kein französisches Fest machen wollen. Schöne alte Dinge erzählen auch bei anderer Gelegenheit schöne alte Geschichten.*

Kidston
Cath Kidston
Cath Kidston
SOAP

A.C

GEWOGEN

# ASIEN

## KOKOSSUPPE ENTE BÁNH TRÁNG

»Was das Leben würzt, nennt der Weise Natur.« Konfuzius

# ASIEN LIEGT GLEICH UM DIE ECKE

*Noch fällt einigen die touristische Reise nach Fernost leichter als der Weg zum Asia-Supermarkt an der Ecke. Schade. Denn nur da gibt es alle Zutaten für ein perfektes Essen. Und dazu eine perfekte Beratung von fast perfekten Asiaten. Nur fast perfekten? Ja, denn die Sprache der meisten ist Deutsch, aber ihre Höflichkeit ist sehr asiatisch. Wenn wir von höflichen Menschen in unserer Muttersprache so beraten und bedient werden wollen, dass wir unseren Gästen ein perfektes asiatisches Essen bieten können, dann sind wir im Asia-Supermarkt an der Ecke genau richtig.*

Koh-Kae
Product of Thailand
Art.305266
ORION
Choco·Pie
YẾN NHUNG
COCONUT OIL

ต้มข่าไก่
壽

# KOKOSSUPPE

*für 4 Personen*

## ZUTATEN

*1 EL Öl*
*1–2 frische rote Chilischoten*
*2 Knoblauchzehen*
*1 Stange Lauch*
*2–3 Stangen Zitronengras*
*1 Galgantknolle*
*1 kleine frische Ingwerknolle*
*4 Kaffir-Limettenblätter*
*1 Glas Hühnerfond*
*1 Dose Kokosnussmilch*
*2–3 EL Thai Fischsoße*
*1–3 EL Limettensaft*
*1–2 TL Zucker*
*1–2 EL Weißweinessig*
*400 g Hühnchenfleisch*
*3 EL frischer Koriander*

## ZUBEREITUNG

Chilischoten und Knoblauch fein hacken und im heißen Öl 2 Minuten leicht anbraten. Lauch waschen und in dünne Scheiben schneiden. Zitronengrasstangen putzen und dritteln. Die Stängel dabei etwas flach drücken, dann geben sie mehr Aroma ab. Galgantknolle und Ingwerknolle putzen und in feine Scheiben schneiden. Gemüse, Hühnerfond, Kokosnussmilch, Kaffirblätter und Zitronengras dazugeben und ca. 10 Minuten bei starker Hitze aufkochen. Zitronengras herausnehmen und die Suppe mit Fischsoße, Limettensaft, Zucker und Essig abschmecken. Wieder aufkochen, Hühnchen hineingeben und etwa 7 Minuten kochen. Koriander abspülen, trocken schütteln und grob hacken. Die Suppe kurz vor dem Anrichten mit dem gehackten Koriander bestreuen.

# Ente Bánh Tráng

*für 4 Personen*

## ZUTATEN

*1 EL Akazienhonig*
*1 EL Fünf-Gewürze-Pulver*
*1 Knoblauchzehe, fein gehackt*
*1 EL Hoisin-Soße*
*1 kleine Ingwerknolle*
*½ EL Salz,*
*1 große Prise weißer, gemahlener Pfeffer*
*2 vorgegarte Enten (TK)*
*1 TL Pflanzenöl*
*1 Tüte Tempura-Mehl*
*1 Salatgurke*
*10 asiatische Frühlingszwiebeln*
*½ TL Sesamöl*
*1 TL trockener Sherry*
*1 Packung Reisblätter (Bánh Tráng)*

## ZUBEREITUNG

Die Enten auftauen, in mundgerechte Stücke schneiden und für zwei Stunden in einer Marinade aus Pflanzenöl, Salz, Pfeffer und Fünf-Gewürze-Pulver, dem klein gehackten Knoblauch und dem vorher geschälten und geraspelten Ingwer einlegen. Die Gurke der Länge nach in zwei Hälften schneiden. Mit einem Teelöffel das Innere auskratzen und in Streifen schneiden. Das Grüne der Frühlingszwiebel abschneiden, das Weiße in längliche Streifen schneiden und auf einer Servierplatte anrichten. Für die Soße das Sesamöl in einem kleinen Topf erhitzen und den Knoblauch ein paar Sekunden leicht andünsten, nicht bräunen. Frühlingszwiebel, Ingwer, Hoisin-Soße, Sherry und 1 TL Wasser dazugeben. Fünf Minuten leicht köcheln lassen. Eventuell noch etwas Sesamöl zugeben. Vor dem Servieren in eine kleine Schale geben.

Die Entenstücke aus der Marinade nehmen und abtropfen lassen. In einer kleinen Schüssel das Tempura-Mehl mit etwas Wasser zu einer cremigen Masse anrühren und etwas ruhen lassen. Dann die Entenstücke darin kurz eintauchen, leicht abtropfen lassen und kurz von beiden Seiten in heißem Fett für 3 Minuten mit ein paar Tröpfchen Akazienhonig knusprig anbraten. Die gebratenen Stücke auf einem Blatt Küchenkrepp abtropfen lassen, auf einer Servierplatte anrichten und warmhalten. Reispapier einzeln kurz in in einer Schüssel mit lauwarmen Wasser einweichen und dann mit Küchenkrepp trocknen. Die gebratenen Entenstücke mit Gurken, Frühlingszwiebeln und Soße in ein Reispapier einwickeln und einfach aus der Hand essen. Wer möchte, kann noch Sojasprossen mit einwickeln.

Tipp: Versuchen Sie Ghee zum Braten der Ente. (Butterreinfett; es hat ähnliche Eigenschaften wie Schmalz, wird jedoch nicht aus Schlachtfett, sondern aus Kuhmilch erzeugt.)

天地广告公司

# SCHÖN, WENN ALLES PASST

*Es gibt zwei Arten von Gästen. Die einen muss man einladen und die anderen will man einladen. Die zweite Gruppe, das sind die Freunde, Menschen, die so locker sind wie wir selbst. Diese Menschen werden Spaß daran haben, wenn sie sich zum Essen etwas Passendes anziehen sollen, etwas Traditionelles zum asiatischen Essen, etwas Spanisches zum spanischen oder etwas Arabisches zum marokkanischen. Das Auge isst mit. Und es macht auch Appetit auf Kleidung.*

# ENGLAND

## PIE UND APPLE TRIFLE

梅酒
NOMU

# PIE

*für 4 Personen*

Zuerst wird ein pikanter Mürbeteig hergestellt. Dieser kann auch am Vortag schon zubereitet und im Kühlschrank aufbewahrt werden.

## MÜRBETEIG

### ZUTATEN

*500 g Mehl*
*200 g Ghee oder Butter*
*50 g Cheddar, gerieben*
*1 Prise Meersalz*
*2 große Eier*
*1–2 EL Milch*
*verquirltes Eigelb*

### ZUBEREITUNG

Aus Mehl, Fett, Käse und einer guten Prise Meersalz, in einer Küchenmaschine, einen feinkrümeligen Teig herstellen. Eier und Milch zugeben und verrühren, bis sich die Zutaten verbinden und ein kompakter Teig entsteht. Schlagen Sie ihn mehrmals auf die Arbeitsfläche. Nicht kneten. In Frischhaltefolie wickeln und mindestens 30 Minuten im Kühlschrank ruhen lassen.

## DIE FÜLLUNG

### ZUTATEN

*500 g Rindfleisch aus der Hüfte*
*1 EL Olivenöl*
*3 rote Zwiebeln*
*4 Knoblauchzehen*
*2 kleine Möhren*
*2 Stangen Staudensellerie*
*100 g Champignons*
*1 Thymianzweig*
*1 Rosmarinzweig*
*6 Körner Schwarzer Urwaldpfeffer*
*½ TL Meersalz*
*250 ml trockener, roter Wermuth*
*2 El Mehl*
*200 ml Wasser*
*3 kleine Kartoffeln, in Gemüsebrühe gekocht*
*etwas Butter zum Einfetten der Backform*

PIN

## ZUBEREITUNG

Eine feuerfeste Bratform erhitzen und das Olivenöl bei niedriger Temperatur dazugeben. Die geschälten, in große Stücke geschnittenen Zwiebeln ca. 10 Minuten leicht anbraten. Das in mundgerechte Stücke geschnittene Rindfleisch dazugeben, anbraten und mit etwas Salz würzen. In grobe Stücke gewürfelte Knoblauchzehen, Möhren, Champignons und Staudensellerie in die Form geben und ebenfalls leicht anrösten. Urwaldpfeffer, Salz, Thymian- und Rosmarinzweig dazu geben.
Alle Zutaten ca. 5–8 Minuten zusammen braten und mit dem Wermuth ablöschen. Mehl hineinrühren und mit Wasser aufgießen, so dass alle Zutaten bedeckt sind. Deckel drauf und ab in den Ofen für 2–3 Stunden bei etwa 160 °C. Zwischendurch umrühren und nachsehen, ob das Fleisch zart ist. Die Füllung darf nicht zu flüssig sein. Abschmecken und abkühlen lassen.

Den Teig aus dem Kühlschrank nehmen und halbieren. Die Arbeitsfläche mit Mehl bestäuben. Beide Hälften des Teiges mit dem bemehlten Nudelholz etwa 1 cm dick ausrollen. Eine Pie-Form mit Butter ausstreichen und mit einer Teigplatte auslegen. Kartoffeln aus der Brühe nehmen, in Stücke schneiden und zusammen mit dem Gemüse und dem Fleisch in die Pie-Form geben. Den Eintopf glatt streichen, die zweite Teigplatte darüberlegen und die Ränder gut andrücken. Ein Loch in die Mitte der Teighaube schneiden, damit der Dampf entweichen kann. Die Teigreste können Sie für die Verzierung verwenden. Mit dem verquirlten Eigelb bestreichen und im vorgeheizten Backofen bei 180 °C ca. 45 Minuten backen.

Water

# WENN DAS DIE WACHTEL WÜSSTE – EI, EI, EI

*Mit „Eierkopf" ist das englische Wort „Egghead" zwar wörtlich richtig, aber inhaltlich falsch übersetzt. „Eggheads" sind Intellektuelle, „Eierköpfe" hingegen so ziemlich das Gegenteil. Ein Wachtelei ist ein sehr kleines, aber sehr edles Ei. Für Engländer ist daher klar, dass nur ein Royal als Wachtelei-Egghead infrage kommt.*

*Davon weiß die Wachtel natürlich nichts. Und sie hat auch keine Ahnung davon, wie gesund ihre leckeren Eier sind. Wer im Internet mal unter dem Doppelstichwort „wachteleier wirkung" googelt, wird im ersten Augenblick denken, Wachteleier müsste es in der Apotheke geben. Einen Augenblick später wird er sich dann aber freuen, dass das nicht so ist.*
*Denn Apotheken sind teuer.*

ROYALE

# PIE MIT ENGLISCHEM HUMOR

*Fast jeder hat Sinn für englischen Humor. Wenn Sie Ihren Gästen englischen Pie servieren, können Sie das testen. Dazu dürfen Sie Ihren Gästen aber zunächst mit keinem Wort verraten, dass sie heute englisch essen. Nennen Sie Ihren Pie daher erst einmal lieber „Tarte Versailles“ oder „Bocca della Verita“. Und wenn Ihr Tisch mit seinem englischen Porzellan, mit der bestickten Decke und dem schweren Tafelsilber so richtig schön englisch aussieht, haben Sie ausreichend Anlass, um Ihren Gästen eine Frage zu stellen: Was haltet ihr eigentlich von englischem Essen? Die Antworten werden niederschmetternd sein: Die Engländer können nicht kochen, konnten sie noch nie, lernen sie auch nicht mehr. Wir haben das schon ein paar Mal so erlebt. Einmal haben wir dann allerdings darauf verzichtet, unseren Pie als englisches Gericht zu outen. Sonst hätten wir den Humor eines Gastes überfordert. Und jemanden zu überfordern, das ist nicht die feine englische Art. Dem Humorlosen haben wir seine Vorurteile über die englische Küche gelassen, sogar mit Vergnügen. Denn das hat er nun davon: Er wird sich weiterhin in keinem Restaurant irgendwas Englisches bestellen und nie dahinter kommen, wie köstlich die englische Küche ist.*

# APPLE TRIFLE

*für 4 Personen*

## APFELKOMPOTT

### ZUTATEN

*1 kg feste Äpfel*
*1 Zitrone*
*125 g Zucker*
*2 EL Calvados*
*100 ml trockener Weißwein*
*1 Vanilleschote*
*50 g Sultaninen*

### ZUBEREITUNG

Äpfel schälen, Kerngehäuse herausschneiden, Äpfel vierteln und mit etwas Zitrone beträufeln. Mit Zucker, Calvados, Weißwein, Sultaninen und der aufgeschnittenen Vanilleschote 5 Minuten leicht kochen. Auskühlen lassen.

## VANILLECREME

### ZUTATEN

*1 Päckchen Vanillepudding*
*125 g Sahnequark*
*2 Becher (400 g) Schlagsahne*
*1 Päckchen Sahnesteif*
*1 Packung Löffelbiskuits*

*Dekoration:*
*3 Erdbeeren*
*einige ungespritzte Rosenblüten, mit Puderzucker bestäubt*
*einige Minzblätter, um den Trifle zu dekorieren*

### ZUBEREITUNG

Vanillepudding nach Packungsanweisung kochen und abkühlen lassen. Schlagsahne mit Sahnesteif steif schlagen. Quark mit dem Pudding verrühren, die Hälfte der Sahne unterheben. Etwas Sahne zurückhalten für die Dekoration. Eine Glasschale mit Löffelbiskuits auslegen und mit etwas Calvados beträufeln. Nun eine Schicht Vanillecreme auf die Löffelbiskuits geben. Darauf folgt der Apfelkompott und eine Schicht Sahne. Den Vorgang einmal wiederholen.

# DER BUTLER UND DIE TEEKANNE

*Es gibt rund 50 Millionen Menschen, denen es völlig egal ist, was über die englische Küche geredet wird. Das sind die Engländer. Eine englische Redensart besagt: Der Mensch braucht kein Essen, der Mensch braucht Tee. Unter den 50 Millionen glaubt das natürlich kein einziger. Es ist ein Spiel. Wenn Sie das englische Spiel mitspielen wollen, tun Sie bei Ihrem englischen Dinner einfach mal so, als sei Ihr köstliches Essen nicht der Rede wert, sondern nur ein kleiner Zeitvertreib vor dem Tee. Nebenbei: Wenn Sie kleine Kratzer auf Ihrer silbernen Teekanne haben: bloß nicht wegmachen. Eher ein paar hinzufügen. Die kleinen Kratzer sind der Beweis, dass Sie einen Butler haben. Die Kratzer heißen „Butler-Polish". Beim abschließenden Tee kommt in England dann die Stunde der Wahrheit, jedenfalls für den Gentleman. Der Gentleman lässt seinen Tee nämlich stehen und nimmt lieber einen Whisky. Aber heimischen Scotch. Auf keinen Fall amerikanischen Bourbon. Der englische Humor endet beim amerikanischen Whiskey.*

„Der Mensch braucht kein Essen, der Mensch braucht Tee."
Englische Redensart

GODMINSTER VINTAGE
ORGANIC CHEDDAR

Fallot
de Dijon
est fabriquée à
depuis 1840: les
pour leur qualité sont
à la meule

# DEUTSCHLAND

## FRANKFURTER GRÜNE SOSSE UND TAFELSPITZ
## MINI FRANKFURTER KRANZ

# GRETCHENS ZÖPFE

*Die Hessen sind stolz auf ihren Landsmann Goethe. Und stolz darauf, dass ihr Leibgericht auch Goethes Leibgericht war: Grüne Soße mit Tafelspitz. Zu den Beilagen des Tafelspitz gehört gebrühter Lauch. Gerade auch Goethes Augen aßen gerne mit. Er liebte es, wenn die langen Lauchblätter zu einem Zopf geflochten waren. Manche Hessen behaupten heute noch, die Lauchzöpfe hätten Goethe bei seinem Faust dazu inspiriert, dem Gretchen Zöpfe zu geben.*

*Klar, das ist blanker Unsinn, hessischer Humor. Meine Freundin Heike stammt aus Hessen und hat ihren Humor zu uns nach Bremen mitgebracht. Zum Kochen des Tafelspitz hat sie sich extra Zöpfe geflochten. Und mir auf Hessisch erläutert warum: „Des is weesche eim zimmelisch bekannde Dischter, weesche dem Herrn Göde."*

# FRANKFURTER GRÜNE SOSSE

*für 4 Personen*

## ZUTATEN

*1 Paket „Grüne Soße“ (in dem Paket sind 7 verschiedene frische Kräuter enthalten)*
*oder*
*7 Kräuter: Borretsch, Kerbel, Kresse, Petersilie, Sauerampfer, Schnittlauch, Pimpinelle*
*1 EL Öl*
*2 Becher Joghurt (300 g) mit 3,5% Fett*
*2 Becher saure Sahne (400 g)*
*2 TL Senf*
*½ Zitrone*

## ZUBEREITUNG

Kräuter waschen und auf einem Küchenpapier trocknen. Die Kräuter von den Stielen zupfen und mit einem Wiegemesser sehr fein hacken, damit sie ihr volles Aroma entfalten können. Das Öl darübergeben. Milchprodukte, Senf und Zitrone mit dem Schneebesen verrühren und die Kräuter dazugeben. Mit Salz und Pfeffer abschmecken. In einer Glasschale mit Borretschblüten anrichten.

# TAFELSPITZ

*für 4 Personen*

## ZUTATEN

*1 kg Rindfleisch (Tafelspitz)*
*200 g Suppengrün*
*1 Gemüsezwiebel*
*1 Tomate*
*1 Petersilienwurzel*
*1 Knoblauchzehe*
*1 EL Meersalz*
*2 Bund Schnittlauch*
*10 weiße Pfefferkörner*
*8 Wacholderbeeren*
*1 Majoranzweig*
*½ Bund Kerbel*
*2 Lorbeerblätter*

## ZUBEREITUNG

Die Gemüsezwiebel halbieren und in einem großen Topf auf den Schnittflächen anbraten. Suppengrün waschen und in grobe Stücke zerteilen. Alles zusammen mit etwas Olivenöl und der ungeschälten Knoblauchzehe in den Topf geben. Pfefferkörner, Lorbeerblätter, Tomate, Kräuter und Salz dazugeben. Ungefähr 1½ Liter Wasser aufgießen und aufkochen lassen. Das Fleisch hineinlegen. Aufsteigenden Schaum immer wieder mit der Schöpfkelle abschöpfen. Das Fleisch bei milder Hitze mindestens 3 Stunden leise köcheln lassen, bis es weich ist. Tafelspitz mit grüner Soße wird mit hartgekochten Eiern und Kartoffeln serviert.

„Tischlein deck dich.“
Deutsches Märchen

# GEMÜTLICHKEIT UND KEINE GROSSEN SPRÜCHE

*Nicht wenigen Amerikanern ist klar, dass Deutsche sich sehr einseitig ernähren: ausschließlich von Sauerkraut. Sie nennen Deutsche denn auch schlicht „Krauts“. Tatsächlich ist die deutsche Küche von einer regionalen Vielfalt, die ihresgleichen sucht. Aber wem sage ich das.*

*Kaum ihresgleichen finden auch die deutsch gedeckten Tische: Gemütlichkeit. In anderen Sprachen gibt es für Gemütlichkeit nicht einmal ein Wort. Und noch etwas ist mir sympathisch deutsch: Die große Kunst der deutschen Küche macht keine großen Sprüche. Was bei uns auf der Karte bescheiden nur „Tafelspitz mit grüner Soße“ heißt, hieße anderswo auf der Karte vielleicht so: „Tranchen aus der bouillonierten Nuss vom zarten Rind zu gezopftem Lauch und Filets von Sellerie an einem Septett von marktfrischen Kräutern in der Creme vom Dotterrahm“.*

# MINI FRANKFURTER KRANZ

*für 4 Personen*

## TEIG

### ZUTATEN/ZUBEREITUNG

100 g Butter schaumig rühren, nach und nach 130 g Zucker, 3 Eier und 1 Prise Salz dazugeben. 150 g Weizenmehl und 50 g Speisestärke mit 2 gestrichenen TL Backpulver mischen, sieben und esslöffelweise unterrühren. Den Teig in kleine gefettete Donutformen füllen und ca. 20–30 Minuten bei 175–180 °C backen.

## VANILLECREME

### ZUTATEN/ZUBEREITUNG

1 Päckchen Vanille-Pudding mit 110 g Zucker und 500 ml Milch kochen und dann kaltstellen. Achten Sie darauf, dass der Pudding keine Haut bildet (Tipp: Wenn man etwas Zucker auf den heißen Pudding streut, verhindert man die Hautbildung, und der Pudding bleibt locker und cremig). 180 g Butter schaumig rühren und den Pudding löffelweise unterrühren. (Damit die Creme nicht gerinnt, achten Sie darauf, dass die Butter und der Pudding dieselbe Temperatur haben)

## KROKANT

### ZUTATEN/ZUBEREITUNG

Etwas Butter und 60 g Zucker in einer Pfanne zerlassen und unter ständigem Rühren so lange erhitzen, bis der Zucker leicht gebräunt ist. 125 g abgezogene, gehackte Mandeln hinzufügen und den Krokant leicht bräunen. Auf einer leicht geölten Fläche erkalten lassen und in kleine Stücke zerbröseln. Die Mini-Gebäckstücke einmal in der Mitte durchschneiden, mit Vanillecreme füllen, außen damit bestreichen und mit Krokant bestreuen. Mit kleinen roten Cocktail- oder Maraschino-Kirschen verzieren.

# MAROKKO

ORIENTALISCHE VORSPEISEN
GEMÜSE-TAJINE MIT LAMM
SCHOKOLADENKUCHEN
TEE MIT MINZE

# RICHTIG SCHÖN MAROKKANISCH

*Lassen Sie Ihrer Fantasie freien Lauf und überlegen Sie, wie ein marokkanisches Fest aussehen könnte. Zaubern Sie sich Marokko nicht ins Haus, sondern in den Garten. Haben Sie sich aus dem Marokko-Urlaub vielleicht Teller, Stoffe oder einen Messing-Leuchter mitgebracht? Das können Sie jetzt alles wunderbar in Szene setzen. Wenn Sie in dem Land noch nicht waren – macht nichts. Marokkanisches Flair kriegen Sie auch so hin: Mit viel Liebe zum Detail, Improvisation und einer Portion Fantasie. Hängen Sie Moskitonetze an die Äste eines Baumes, breiten Sie alte Kelims im Garten aus und dekorieren Sie alles mit duftenden Rosen oder Rosenblättern ... Und es wird richtig marokkanisch, wenn mit den Händen gegessen wird und nicht mit Besteck! Wenn Männer bei den Vorbereitungen für das Fest helfen, ist das natürlich nicht richtig marokkanisch, aber richtig schön!*

# ORIENTALISCHE VORSPEISEN

## GERÖSTETE MANDELN

Mit Salz auf einem Ofenblech rösten

## DATTELN IM SPECKMANTEL

Datteln in Speck (Bacon) einrollen, mit Zahnstochern feststecken und in einer Pfanne knusprig braten.

## HUMMUS

### ZUTATEN

*200 g Kichererbsen (über Nacht im kaltem Wasser einweichen),*
*3 Knoblauchzehen*
*4 EL Olivenöl*
*3 EL Zitronensaft*
*3 EL Tahin (Sesampaste),*
*½ TL gemahlener Kreuzkümmel*
*1 EL Butter*
*1 Bund glatte Petersilie,*
*1 TL scharfes Paprikapulver*
*Salz und Pfeffer*

### ZUBEREITUNG

Die Kichererbsen mit frischem Wasser bedeckt aufkochen. Schaum abschöpfen und bei schwacher Hitze zugedeckt ca. 1 Stunde garen. Anschließend kalt abspülen. Die Häutchen abziehen, mit dem Pürierstab pürieren und durch ein Haarsieb drücken. Zitronensaft untermischen. Knoblauch schälen und durch die Presse drücken und dazugeben. Tahin einrühren und mit dem Kreuzkümmel, Salz und Pfeffer abschmecken. Petersilie waschen, trocken schütteln, sehr fein hacken und dazugeben. Ist die Masse zu fest, 2–3 Esslöffel Wasser unterrühren. Olivenöl und Paprika verrühren und darüber träufeln. Dazu Fladenbrot reichen.

# GEMÜSE-TAJINE MIT LAMM

*für 4 Personen*

## ZUTATEN

*500 g Lammschulter (vom Metzger in 10 cm große Stücke hacken lassen)*
*1 EL Olivenöl*
*1 Gemüsezwiebel*
*1 Lorbeerblatt*
*2 Knoblauchzehe*
*1 Zimtstange*
*½ TL gemahlener Kreuzkümmel*
*1 TL rosenscharfes Paprikapulver*

*600 ml Gemüsebrühe*
*4 große Tomaten*
*4 Kartoffeln*
*400 g Möhren*
*1 kleiner Kürbis*
*1 Stange Lauch*
*1 Zucchini*
*1 rote Peperoni*
*100 g Trockenfrüchte (Datteln, Aprikosen oder Pflaumen)*
*Salz und Pfeffer*
*½ Tasse geschälte und kurz in Honig geröstete Mandeln*

## ZUBEREITUNG

Zwiebeln in Scheiben schneiden. Lammfleisch im heißen Öl anbraten. Zwiebeln, Lorbeerblatt, Knoblauch, Zimtstange, Kreuzkümmel, Paprikapulver hinzufügen und alles kurz anbraten. Mit Brühe auffüllen und zugedeckt bei mittlerer Hitze 1 Stunde in der Tajine schmoren. Tomaten auf einer Gemüsereibe reiben. Kartoffen, Möhren, Kürbis schälen, Lauch putzen, Zucchini waschen und alles in grobe Stücke schneiden. Tomaten und Gemüse und die Peperoni in den Topf zum Lamm schichten und weitere 30 Minuten schmoren. Trockenfrüchte erst 10 min vor Ende der Garzeit zufügen. Mit Salz und Pfeffer würzen. Die in Honig gerösteten Mandeln darüber streuen. Dazu Couscous servieren!

„Ich weiß nicht, wie man kocht, ich werde es nicht wissen, und will es auch gar nicht wissen.“ Ahmed II.

# SCHOKOLADENKUCHEN

## ZUTATEN

*6 Eier*
*225 g Butter*
*300 g Zartbitterschokolade*
*160 g Zucker*
*30 g Mehl*
*150 g gemahlene Mandeln*

## ZUBEREITUNG

Zuerst den Backofen auf 220 °C (Ober-/Unterhitze) vorheizen und eine 26-er Springform einfetten. Die Butter zusammen mit der Schokolade im heißen Wasserbad schmelzen. Die Eier trennen. Eigelb und Zucker mit einem Rührgerät schaumig schlagen, dann die geschmolzene Butter-Schoko-Mischung unterrühren. Das Mehl mit den Mandeln unterrühren. Das Eiweiß zu steifem Eischnee schlagen und vorsichtig unter den Teig heben. Den Schokoladenkuchen in die Form füllen und ungefähr 20 Minuten backen. Der Schokoladenkuchen sollte im Inneren noch einen flüssigen Kern haben. Anschließend den Kuchen auf einem Kuchengitter etwas abkühlen lassen. Am besten schmeckt der Kuchen, wenn er noch warm ist.

# DUFTENDES GEDICHT

*Nicht nur die Augen essen mit, sondern auch die Ohren. Wohin auch immer Ihre kulinarische Reise geht, legen Sie eine CD auf, die zu der Reise gehört. Vor allem die Nase isst mit. Gönnen Sie sich und Ihren Gästen auf Ihrem Marokko-Fest unbedingt mal einen Tee mit frischer Minze. Das ist nicht der Pfefferminztee, den Sie so missmutig bei Ihrer Magenverstimmung getrunken haben. Tee mit frischer Minze ist ein duftendes Gedicht.*

# TEE MIT MINZE

## ZUBEREITUNG

2–3 Teelöffel grünen Tee in eine Kanne geben, nicht mehr kochendes Wasser dazugießen und schnell wieder abgießen, um den Tee von Staub zu befreien. Reichlich braunen Zucker in die Kanne geben. Wieder mit nicht mehr kochendem Wasser füllen und 1 Minute quellen lassen. Frische Minzeblätter beifügen, dann den Tee nochmals erhitzen. Kurz ziehen lassen, 1 Glas Tee eingießen und zurück in die Kanne füllen. Diesen Vorgang wiederholen und dann den Tee mit Schwung in kleine Gläser gießen.

# DÄNEMARK

KLEINE WINDBEUTEL MIT KAVIAR
LACHS IM GEMÜSEBETT
KRAMMERHUS

# KLEINE WINDBEUTEL MIT DÄNISCHEM KAVIAR

*etwa 30–35 Stück*

## BRANDTEIG

### ZUTATEN

*200 ml Wasser*
*100 g Butter*
*100 Mehl*
*½ TL Salz*
*4 große Eier*

### ZUBEREITUNG

Wasser und Fett zum Kochen bringen. Topf von der Kochstelle nehmen und das gesiebte Mehl auf einmal hineingeben. Alles zu einem glatten Kloß rühren. Durch leichtes Erhitzen (Abbrennen) wird der Teig fester. Den heißen Kloß sofort in eine Rührschüssel geben und nach und nach die Eier unterrühren. Mit zwei Teelöffeln, Teighäufchen in der Größe einer Walnuss auf ein gefettetes Backblech geben.
Bei 200 °C 20 Minuten backen.

## FÜLLUNG

### ZUTATEN

1 Glas roter und schwarzer Kaviar
1 Becher Crème Fraîche
1 Rote Zwiebel, sehr fein gehackt
Salz, Pfeffer
Dill zum Dekorieren

### ZUBEREITUNG

Crème Fraîche mit den fein gehackten Zwiebeln verrühren und mit Salz und Pfeffer würzen. Die Windbeutel in der Mitte durchschneiden und mit den Zutaten füllen.

„Ich wäre gerne ein Fisch. Dann hätte ich immer Kaviar.“ Ole Knudsen

# LACHS IM GEMÜSEBETT

*für 4 Personen*

## ZUTATEN

*4 Lachsfilet*
*4 kleine Karotten*
*4 Kirschtomaten*
*1 kleiner Fenchel*
*Olivenöl, Zitrone*
*Fleur de Sel und Peffer*
*4 Dillzweige als Garnitur*

## ZUBEREITUNG

Karotten und Fenchel in feine Streifen schneiden, mit Zitronensaft beträufeln. Tomaten enthäuten, in zwei Hälften schneiden und entkernen. Lachsfilet mit Fleur de Sel und Pfeffer würzen. Vier große Bögen Pergamentpapier in der Mitte knicken. Auf je eine Seite des Papiers etwas von dem Gemüse geben. Darauf die Lachsscheiben legen und darüber einen Esslöffel Olivenöl träufeln. Die andere Papierhälfte darüber klappen und die Ränder fest einschlagen. Backofen auf 190 °C vorheizen und den Fisch ca.10–15 Minuten garen. Die Päckchen werden direkt am Tisch vorsichtig geöffnet. Dazu gibt es Bamberger Hörnchen, eine fest kochende Kartoffel, die im Ofen mit frischen Rosmarinzweigen und Fleur de Sel gebacken werden!

# KRAMMERHUS

*für 4 Personen*

## TEIG

### ZUTATEN

*3 Eier*
*150 g Zucker*
*3 EL Wasser*
*100 Mehl*

### ZUBEREITUNG

Zutaten miteinander vermischen und zu einem Teig verkneten. Plätzchenteig ausrollen und runde Kreise ausstechen. Auf einem gefetteten Blech 6–8 Minuten bei 200 °C backen. Bevor sie auskühlen sofort zu einer Tüte formen und auskühlen lassen. Setzen Sie die Tüten einfach auf ein Glas bis sie fest werden!

## SAHNEFÜLLUNG

Sahne steif schlagen. Das Gebäck damit füllen und mit eine Amarena-Kirsche oder einem Klecks roter Marmelade dekorieren. Die Tüten in eine mit weißem Zucker gefüllten Glasschale stecken und vernaschen!

# ALLES KLAR

*Es stimmt: Gut geht es Dänen und denen, denen Dänen nahe stehen. Die Dänen wissen zu leben und lassen es sich gut gehen. Aber nicht nur sich selbst, sondern auch ihren Gästen.*
*Die Dänen lieben Gerichte, in denen man die klare Kraft nordischer Natur schmeckt. Dazu passt wunderbar die heitere Klarheit des Esszimmers. Im Weiß des Raums lächeln hier und da ein paar Farben, aber alle aus der gleichen Farbfamilie und fein aufeinander abgestimmt. Treiben Sie es also nicht zu bunt, wenn Sie Dänemark zu sich nach Hause holen. Jedenfalls nicht bei der Gestaltung des Esszimmers. Klar, sonst schon.*

# SPANIEN

## IBIZA-PARTY

## TAPAS, PAELLA UND SANGRÍA

## BLOSS NICHT SO GENAU

*Meine kulinarische Reise endet auf Ibiza. Auch deswegen, weil mein letztes Buch, „Wohnportraits", irgendwie dort angefangen hat. Aber vor allem deswegen, weil wir auf unserer Ibiza-Reise manchmal etwas wiedersehen, was wir schon auf einer anderen Reise gesehen haben, zum Beispiel in Marokko. Es ist kein Zufall, dass – wie in Marokko – auch auf Ibiza beim Essen schon mal auf Stühle und Besteck verzichtet wird. Denn Marokko liegt ja gleich nebenan. Wo eine Kultur für andere Kulturen offen ist, entsteht immer etwas Neues. Nirgendwo kann man das besser erleben als auf Ibiza – außer vielleicht auf Ihrer Ibiza-Party.*

*Das Wichtigste bei Ihrer Ibiza-Party ist, dass Sie es nicht so genau nehmen. Genau ist für Ibiza nämlich genau falsch. Sonst wäre Ibiza nicht zur heimlichen Hauptstadt der Hippies geworden. Aber spanisch sollte Ihren Gästen die Party natürlich doch schon vorkommen. Jeder Ihrer Gäste war bestimmt mal in Spanien und hat schöne Erinnerungen daran. Freuen Sie sich also, wenn die Gäste beim Essen sagen, das erinnert mich an Madrid. Oder an Marbella. Wenn sie allerdings sagen, das erinnert mich an den Ballermann, dann stimmt was nicht.*

Sierra Rica
TAPAS

# TAPAS

## ARTISCHOCKENHERZEN
Artischockenherzen frisch oder aus der Dose, mit gekochtem und gehacktem Ei, Olivenöl, Knoblauch, Salz und Pfeffer anrichten.

## GRÜNER SPARGEL
In der Grillpfanne mit Olivenöl, groben Meersalz und etwas Minze anbraten.

## JÁMON SERRANO
In hauchdünne Scheiben geschnittener Schinken, mit Minze dekoriert.

## BOCCERONES CON AJILLO
In Essig marinierte Sardellen mit klein gehackter Petersilie und klein gehacktem Knoblauch anrichten.

## AIOLI
ZUTATEN
*5 Knoblauchzehen, 250 ml Olivenöl, 1 Eigelb, 1 TL Zitronensaft, Salz und Pfeffer zum Abschmecken*

ZUBEREITUNG
Die Knoblauchzehe im Mörser zerstampfen. Den zerstampften Knoblauch in eine kleine Schüssel umfüllen und dazu das Eigelb und nach und nach, tropfenweise, das Olivenöl zugeben bis eine weiche Creme entsteht. Mit Zitrone, Salz und Pfeffer abschmecken.
(Wem das zu scharf ist, der kann die Aioli-Creme mit Mayonnaise abmildern)

## FOCACCIA BIANCA EINE ART FLADENBROT
Ist zwar keine spanische Spezialität, passt aber trotzdem gut zur mediterranen Küche. Am besten schmeckt das Fladenbrot warm aus dem Ofen.

# PAELLA

*für 4 Personen*

## ZUTATEN

*6 kleine Hähnchenkeulen*
*8 Gambas*
*1 rote Paprika*
*2 große Tomaten*
*150 g Erbsen*
*10 schwarze Oliven*
*1 Zwiebel*
*3 Knoblauchzehen*
*5 EL Öl*
*200 g Paella-Reis*
*500 ml heiße Geflügelbrühe, bei Bedarf auch etwas meh*
*Salz, Pfeffer, Cayennepfeffer, Currypulver und Safran*

## ZUBEREITUNG

In einer heißen Pfanne klein geschnittene Zwiebeln und Knoblauch mit ein bisschen Salz und Pfeffer gewürzt glasig dünsten. Die Hähnchenkeulen mit Cayennepfeffer und Currypulver würzen und in der heißen Pfanne leicht anbraten. Die rote Paprika in Längsstreifen schneiden. Die Haut von den Tomaten abziehen und die Tomaten in große Stücke schneiden. Die geschnittenen Paprika und Tomaten in die Pfanne geben und mitdünsten, dann den Reis einrühren. Safran und die heiße Brühe vermischen und in die Pfanne gießen. Nach 20 Minuten die Erbsen und Gambas hinzufügen. Mit Salz, Pfeffer, Cayennepfeffer, Currypulver abschmecken. Ein paar Minuten weiter köcheln lassen. Zum Schluss ungefähr zehn schwarze Oliven in die Paella mischen, alles in eine ofenfeste Form geben und ca. 15 Minuten im vorgeheizten Backofen bei 200 °C backen.

# CHAMPAGNER SANGRÍA

ZUTATEN

*3 Passionsfrüchte*
*8 EL Limettensaft*
*4 EL Cognac*
*4 EL weißer Rum*
*4 EL Maracuja-Sirup*
*4 EL Puderzucker*
*2 Sternfrüchte*
*150 g Kapstachelbeeren*
*3 Orangen, unbehandelt*
*1 Flasche Champagner*

## ZUBEREITUNG

Passionsfrüchte halbieren, Fruchtfleisch herausschaben. Mit Limettensaft, Cognac, Rum, Maracuja-Sirup und Puderzucker mischen. Sternfrüchte eventuell schälen, in feine Scheiben schneiden. Von den Kapstachelbeeren die Hüllen entfernen, Stiele abzupfen. Orangen in Scheiben schneiden. Alles zum Passionsfrucht-Mix geben, abdecken und in den Kühlschrank stellen. Zum Servieren Fruchtmasse in Gläser füllen und mit Champagner aufgießen.

Die Gläser mit einer Orangen- oder Sternfruchtscheibe dekorieren.

### Wie man mit Freunden durch die ganze Welt kommt, ohne einen Schritt vor die Tür zu setzen

*Die Feste, von denen mein Buch berichtet, fanden immer im gleichen Haus statt, in Heikes Haus, ein niedersächsisches Bauernhaus, 250 Jahre alt. Wie Sie gesehen haben, können sogar in solch ein Haus alle Länder der Welt einziehen. Aber in Ihrem Haus wird das noch einfacher sein.*

*Sicher haben Sie genauso wie ich kein Lager von Ausstattungsstücken, mit denen Sie aus Ihrem Haus schnell mal England, später Ibiza und dann Dänemark machen können. Aber sicher haben Sie genau wie ich Freunde. Und Ihre Freunde werden Ihnen helfen – so, wie mir meine Freunde helfen. Nun kann es natürlich sein, dass Sie China zu sich nach Hause holen wollen, selbst jedoch nur ein paar Essstäbchen haben und wirklich keiner Ihrer Freunde etwas chinesisches Porzellan oder ein Seidentuch mit chinesischen Drachen oder einen chinesischen Lampion. Und was dann? Dann holen Sie sich eben ein anderes Land ins Haus. Und das muss ja nicht einmal unbedingt eines der sieben Länder aus meinem Buch sein. Wie wäre es mit Mexiko? Oder mit Italien? Oder mit Polen? (Ich liebe Polen. Polen ist ein wunderschönes Land!) Lassen Sie sich zu Ihren besonderen Länder-Festen auch durch die Dinge inspirieren, mit denen Sie ein Land in Szene setzen können. Es gibt viele Gründe, warum Ihnen Ihre Freunde dabei helfen werden, auch diesen: Die Freunde werden sich nachher auf dem Fest nicht nur als Gast fühlen, sondern ein bisschen auch als Gastgeber. Und dann können sie – und sollen sie! – ein bisschen von dem allgemeinen Lob Ihres Festes auch für sich einstreichen. Das wird den Freunden gefallen. Besonders deswegen, weil sie im Grunde ihres Herzens natürlich wissen, dass Sie – und nur Sie – dem Fest mit Ihrer Fantasie den besonderen Esprit und Charme gegeben haben. Ich wünsche Ihnen viele wunderbare Feste. Und ich bin sicher, die werden Sie haben.*

*Anna Klemm*